Eisen. de S. Aubin inv. et Sculp. 1757

CATALOGUE

DE TABLEAUX,

DE DIFFE'RENS BONS MAÎTRES

DES TROIS ÉCOLES,

De Figures de Bronze, de Buftes de Marbre, d'Eftampes montées fous verre, & d'Eftampes en Feuilles, après le Décès de M. le Marquis DE VILLETTE, Pere.

PAR PIERRE REMY.

A PARIS,

Chez DIDOT, l'aîné, Libraire & Imprimeur, rue Pavée, la premiere Porte cochere, en entrant par le Quai des Auguftins.

M. DCC. LXVI.

AVERTISSEMENT.

Les Tableaux qui composent ce Cabinet ont en général un mérite distingué, mais un grand nombre est de M. Vernet. Feu Mrs. de Villette avoient une amitié particuliere pour cet Artiste, & faisoient grand cas de ses Ouvrages : chacun d'eux lui avoit demandé des Tableaux, pendant qu'il demeuroit à Rome, & il s'est fait un plaisir de leur envoyer ceux dont il étoit très satisfait : ces deux Collections réunies en une, font que le nombre des Tableaux de M. Vernet, monte à vingt-deux, non-compris ceux qui ont été légués par feu M. le Marquis de Villette. On connoît le mérite de ce célebre Artiste : tous les suffrages sont unanimes, & l'on ne pourroit que répéter ce que tout le monde fait. Les Tableaux que j'annonce, tant ceux de M. Vernet, que ceux de plusieurs autres Maîtres qui jouissent d'une grande réputation, sont bien conservés, & sont renfermés dans des Bordures de bois sculptées & dorées.

Cette Vente se fera le Mardi 8 Avril 1765, 3 heures de relevée, & jours suivans aussi de relevée, en l'Hôtel de feu M. le Marquis de Villette, appellée l'Hôtel d'Elbeuf, rue de Vaugirard, proche celle Pot de Fer.

CATALOGUE

DES TABLEAUX

ET

AUTRES CURIOSITÉS

Du Cabinet de Feu M. le Marquis de VILLETTE Pere.

TABLEAUX.

1 LA Sainte Famille peinte en émail par un Artiste distingué, d'après un Tableau de *Raphaël Sancio d'Urbin*, qui est dans le Cabinet du Roi, & dont on trouve l'Estampe gravée par Gérard Edelinck.

2 Cléopatre qui tient de la main droite un aspic & de l'autre une rose, Figure à mi-corps, & peinte par *Guido Cagnacci*, sur une toile de deux piéds

A

dix pouces de haut, sur deux pieds deux pouces de large.

3 Andromede attachée au rocher : ce Tableau sur une toile de seize pouces de haut, sur dix & demi de large est peint par *Luc Jordano* surnommé *Fa Presto*. Le *faire* de ce morceau est très estimable.

4 Un Sujet qui paroît être tiré des Métamorphoses d'Ovide, & peint par *Pierre-François Molla*. On y remarque un homme que l'on croit être Cadmus qui ouvre avec force d'une main la gueule d'un dragon, & de l'autre tient une forte pierre ; Pallas est debout. Ce Tableau est du nombre des bons morceaux qui sont sortis de la main de cet Artiste distingué. Il est peint sur toile & porte vingt-quatre pouces de haut sur dix-huit de large.

5 Deux Paysages, dans lesquels on remarque des Ruines ; plusieurs Figures enrichissent ces Tableaux qui sont peints sur toile par *Pierre Locatelli*. Ils portent chacun deux pieds de haut sur dix-huit pouces de large.

6 Mercure Hersé, & la Sagesse compagne d'Hercule. Ces deux Tableaux sont copiés par un très habile hom-

me d'après *Paul Calliari* de Vé-
ronne, dit Paul Véronefe. Les Originaux font dans la Gallerie de Mgr.
le Duc d'Orléans au Palais Royal.
Ils portent chacun fept pieds & demi
de haut fur quatre pieds fept pouces
de large.

7 Une autre Copie d'après le même
Maître, auffi de la même Gallerie.
Le fujet eft Mars & Venus liés par
l'Amour. Ce Tableau eft peint fur
toile & de même grandeur que les
précédens.

8 L'Adoration des Bergers, peinte dans
le goût du Baffan, fur toile de dix
pouces & demi de haut, fur douze
pouces & demi de large.

9 Saint François en méditation, Figure
à mi-corps dans le goût de *Guido
Reni.* Il eft peint fur toile colé fur
bois, de neuf pouces de haut, fur fept
de large.

10 La Vierge, l'Enfant Jefus, le petit
Saint Jean & Saint François. Ce Tableau eft dans le goût italien. Il eft
peint fur toile, & porte 11 pouces de
haut fur 15 pouces & démi de large.

11 Un Sujet allégorique compofé d'un
grand nombre de Figures, Efquiffe de
Pierre-Paul Rubens fur toile de 27

pouces de haut sur 40 de large.

1000   12 La Tentation de S. Antoine peinte par *David Teniers* sur toile, de trois pieds de haut sur quatre de large. La composition de ce Tableau est autant agréable que puisse l'être ce sujet ; il est peint facilement & a un coloris satisfaisant. Une vieille veut faire remarquer à St. Antoine une femme vétue d'une robe blanche, qui tient un grand verre, un petit homme avec des jambes bisarres lui porte la queue, plusieurs jouent de divers instrumens. Ce Saint est au milieu du Tableau proche le mur du jardin de son Hermitage, qui en occupe ainsi que des ruines la plus grande partie ; à la droite sur différens plans on voit des montagnes.

318   13 Un Paysage original, aussi de *David Teniers.* Des Moutons, une Vache, des Canards dans l'eau, se remarquent sur le premier plan : un Berger qui tient un flageolet est assis sur une butte de terre, & dans l'éloignement des Buveurs sous une treille. Ce Tableau peint sur toile porte dix-sept pouces de haut sur vingt-sept de large.

360   14 Un Chirurgien Dentiste exerçant

fon art fur un Payfan, une Femme
les regarde. Un jeune Homme proche d'une table, tient une bouteille
& un pot; différens accefloirs en-
richiffent ce Tableau, qui eft peint
fur bois, & porte quinze pouces de
haut fur onze de large.

15 Un Médecin aux urines dans fon
Cabinet, peint par *Apfoom*, Difci-
ple de David Teniers.

Deux jeunes perfonnes affifes proche une table fur laquelle fe trouvent
plufieurs Figures en boffe; la lumiere
d'une lampe qui eft fur cette table
produit un fi bel effet, que l'on ne
peut refufer à *Arnoldus Boonen*,
Auteur de ce Tableau, une intelligen-
ce auffi grande que l'avoit Godefroy
Schalcken fon Maître. Ces deux morceaux font peints fur bois, & portent chacun huit pouces un quart de
haut fur fix pouces & un quart de
large.

16 Un Payfage, des Rochers & un Bras
de Riviere, peints par *Lucas Van
Uden*; fix Hommes, dont un fou-
le le raifin dans une cuve, une
couverture de paille, porté fur
quatre piliers de bois, fe voient
dans le coin à droite du Tableau, &

A iij

font peints par *David Teniers.* Ce
Tableau qui eſt bien conſervé & du
bon tems de ces deux Maîtres , eſt
ſur bois , il porte treize pouces de
haut , ſur dix-neuf & demi de large.

166 . 17 Un joli Tableau de même grandeur que le précédent : on y remarque des Femmes qui ſe baignent , &
d'autres au bord d'une Riviere. Le
Payſage eſt peint par *Moucheron* , &
les Figures ſont de *Helmbrèker.*

695 . 18 Un agréable Payſage de *Paul Bril* ,
où on voit un Homme & une Fem-
me qui paſſent dans un Bois : ce Tableau eſt du meilleur tems de ce Maître, bien conſervé & peint ſur cuivre ;
il porte ſept pouces de haut ſur dix
pouces & demi de large.

370 19 Un Départ de Soldats , une Femme
avec ſon Enfant eſt montée ſur un
Aſne. Ce Tableau , très intéreſſant
par la richeſſe de ſa compoſition &
du plus fin de *Pater* , eſt d'une grande
conſervation. Il eſt peint ſur bois &
porte ſix pouces & demi de haut ſur
huit pouces de large.

240 20 Un Sujet de trois Figures à la porte
d'une Maiſon de Payſan : un Homme
verſe à boire à une Femme , & un
autre donne du Pain à un Chien ; un

Cheval & un Mulet font proche
d'eux, des Moutons placés fur le devant à la droite du Tableau; deux
Hommes à cheval qui femblent cou-
rir la Pofte, fe diftinguent dans l'éloignement : ce Tableau de *Jean Miel*,
eft fur une toile de douze pouces de
haut, fur feize de large.

21 Deux Payfages peints fur bois, de
chacun cinq pouces & demi de haut,
fur huit de large, l'un repréfente un
clair de Lune, & l'autre un tems fe-
rein; dans le premier on voit un Af-
tronome, dans le fecond, deux Ca-
valiers conduits par un Payfan; ces
deux Tableaux font très harmonieux,
il y regne une fuavité qui fait plai-
fir : ils paroiffent être Originaux de
Jacques Van Artois, ou d'un très bon
Maître, de l'Ecole de Van Uden.

22 Un Tableau original d'un bon Maître des Pays-Bas, dont on ne hafar-
dera pas le nom, attendu que les
fentimens ont été partagés fur fon
véritable Auteur : il repréfente une
Mariée de Village qui paroît aller à
l'Eglife, on compte dix-huit Figures
d'environ neuf pouces de proportion : ce Tableau eft intéreffant &
récréatif : il eft peint fur bois, &

A iv

porte deux pieds de haut, fur trois de large.

230　23 Un Philofophe affis, qui a un Livre ouvert fur fes genoux : ce Tableau qui a du mérite, eft dans la maniere de Gerard Dow, & peint fur bois, il porte quatorze pouces de haut, fur dix & demi de large.

350　24 Moyfe tiré des Eaux : ce Sujet eft compofé de deux groupes de Figures, de quatre à cinq pouces de proportion, l'un de quatre femmes, deux font dans le Nil, & les deux autres au bord : une tient le petit Moyfe, un linge l'enveloppe en partie : l'autre grouppe, un tant foit peu plus éloigné, laiffe voir la Fille de Pharaon, & fix Perfonnes de fa fuite ; des Fabriques & des Montagnes, fervent de fond à ce Tableau, qui eft un des plus beaux de *Jean Van Haansbergen*, qui a fi bien peint dans la maniere de Corneille Poelemburg fon Maître (comme le dit bien M. Defcamps, dans fa Vie des Peintres, Tomes 3. Page 123) que les plus fins Connoiffeurs s'y méprenoient : ce Tableau porte quatorze pouces de haut, fur dix-fept pouces & demi de large.

25 Un Tableau sur bois, de dix pouces **83**
de haut, sur douze de large : Diane
Actéon & autres Figures se voyent
dans un Paysage orné de plusieurs
Fabriques.

26 Un autre Paysage où est représenté **72**
Méléagre & Atalante : Tableau original ; il est peint sur cuivre, & porte
seize pouces de haut, sur vingt-cinq
de large.

27 Une Bataille ou l'on voit des Turcs, **60**
des Hussards & autres Troupes, peinte par *Pierre Van Bloemen* ; sur une
toile de vingt pouces & demi de
haut, sur trente-un pouces de large.

28 Une Biche que des Chiens pour- **90**
suivent ; on remarque des Chasseurs
& des Dames à cheval.

    Un Rendez-vous de Chasse, le
repas se prend à terre dans la Campa-
gne, deux Chevaux boivent à une
Fontaine. Ces deux Tableaux originaux de *P. Verdussen*, portent chacun dix-neuf pouces de haut, sur
vingt-trois de large.

29 Un Tableau représentant une Ste. **120**
Famille, peinte par *Simon Vouet*,
sur une toile de cinq pieds neuf pouces de haut, sur trois pieds & de-

A v

mie de large : sa forme est ceintrée du haut.

440 30 Une Adoration des Rois ; *Sébastien Bourdon*, Auteur de ce Tableau, a placé à la gauche des personnes de la suite des Mages , & des Chameaux, ce qui contribue aussi bien qu'un Morceau d'Architecture en partie ruiné, à la richesse de la composition : un coloris agréable, & de la transparence, donne encore à ce Tableau , un mérite singulier : il est peint sur toile, & porte vingt-quatre pouces de haut, sur trente-quatre & demie de large.

40 31 La Naissance de Vénus : & Diane qui se dispose à entrer dans le bain. Les compositions de ces deux Tableaux sont riches , heureuses & des plus agréables : *Noel Nicolas Coypel*, qui les a peints , s'y est distingué, & nous croyons pouvoir assurer qu'ils sont de ses meilleurs morceaux : ils sont sur toile , & portent chacun trente pouces de haut , sur vingt-trois de large.

53 32 Adam & Eve, après avoir péché : Dieu leurs apparoît. Ce Tableau est un des plus beaux de M. *Natoire* (Charles) ; aussi l'a-t'il fait pour être

pendant à un de son Maître, François
le Moine : on en trouve l'Estampe
gravée par Jean Jacques Flipart, &
qui annonce ce morceau dans le Cabinet de M. de Villette : il est peint
sur cuivre, & porte vingt-quatre
pouces de haut, sur dix-huit de large.

M. *Vernet* (*Joseph*).

33 Deux Vues de Mer, Paysages &
Edifices : dans l'un on remarque entr'autres personnages, des Gens qui
dansent, & dans l'autre sur un terrein au bord de la Mer, des Gens
qui par leurs habillemens, paroissent
distingués, & des Matelots. Ces deux
Tableaux, soit par l'ingénieuse distri-
bution de cinquante Figures que l'on
compte dans chacun, par l'ordonnance du fond & du *faire*, ont tout
ce qui convient pour intéresser les
Amateurs : ils portent chacun deux
pieds onze pouces de haut, sur quatre
peids un pouce de large.

34 Deux autres Tableaux de même
grandeur que les précédens, & encore plus capitaux, par rapport à la richesse de la composition : l'un repré-
sente un Jeu de lance sur la Riviere

à Rome, d'ou l'on apperçoit le Château Saint Ange , on voit un grand nombre de personnages de différens sexe & états, soit dans des bateaux soit à terre : nous ne croyons pas qu'il soit possible de trouver un morceau d'une plus riche ordonnance. L'autre est une Têmpête qui occasione le Naufrage de plusieurs Vaisseaux qui se brisent contre des Rochers : les Figures que l'on y voit, sont on ne peut pas mieux exprimées.

1000   35 Une Chasse aux Canards, on y compte huit Figures principales ; la vapeur aérienne qui regne dans ce Tableau, est si belle , que les Connoisseurs le regardent comme un Chef d'œuvre de l'Art: il est peint sur toile, & porte deux pieds de haut , sur deux pieds & demi de large.

800   36 Une Vue de Riviere, Chûte d'eau, Rochers & Paysages : des Pêcheurs & des Femmes sont sur le devant du Tableau, qui est d'un coloris chaud, & de même grandeur que celui du N°. précédent.

742   37 Deux autres Tableaux, Paysages, & Vues de Mer, de même grandeur que les précédens , dont un

gravé par A. Ph. Coulet, & a pour titre, *Départ de la Chaloupe.*

38 La Vigne Pamphile: on y compte vingt sept Figures, dont six sur le premier plan, qui ont chacune quatre pouces & demi de proportion.

La Vigne Ludovisg représentée dans le moment que les eaux jouent des Dames s'y trouvent embarrassées, & d'autres se moquent d'elles : le Portrait de l'Auteur, M. Vernet, s'y remarque sur le devant, tenant un Porte-feuille, & un Porte crayon à la main ; un de ses Amis regarde ce qu'il a dessiné. Ces deux Tableaux peints sur toile, portent chacun vingt-sept pouces & demie de haut, sur trente-six pouces de large.

39 Un Gros Tems des Hommes cherchent les moyens de se sauver de dedans la Mer, pendant que d'autres sont occuppés à tirer avec des cordes, un Mât de Vaisseau. Un autre Tableau ou tout annonce un tems calme : on voit une Tour & des Vaisseaux en Mer ; une Chaloupe, des Pêcheurs, du Terrein sur le devant, où sont differens personnages : ces deux bons Tableaux

peints sur toile, portent chacun,
quinze pouces de haut, sur vingt-
quatre de large.

1924 40 Des Vaiffeaux & des Rochers dans
la Mer, des Gens s'y baignent pendant que d'autres font bouillir la
Marmite au clair de la Lune. Un se-
cond Tableau repréfente une Soiré,
on y voit des Pêcheurs, des Marchan-
des de Poiffons. Ces deux Tableaux
portent chacun deux pieds de haut,
sur trois pieds de large.

1640 41 L'Incendie d'une Ville proche de la
Mer, repréfentée dans la Nuit, des
Hommes emportent leurs bagages,
des Femmes leurs Enfans : la compo-
fition de ce Tableau eft très riche. Un
autre Tableau qui fert de pendant,
c'eft un Clair de Lune, on y remarque entr'autres chofes, des Vaiffeaux en Mer & des Rochers, dès
Pêcheurs dans une Chaloupe, un
Matelot qui fume & deux Femmes
dormant; ces trois Figures ainfi que
d'autres font fur le devant du Tableau.

1210 42 Deux Tableaux peints fur cuivre de
chacun onze pouces de haut, fur
feize de large. Comme on trouve les

Eſtampes de ces deux Morceaux gravées par Aliamet, l'une qui a pour
titre *le Matin*, & l'autre *le Midi*,
nous n'en ferons aucune deſcription ;
mais nous dirons ſeulement, que ces
deux Tableaux ſont précieux.

43 Deux autres Tableaux de mêmes 1400
grandeurs que les précédens, & qui
ont un mérite auſſi diſtingué : ils ſe
trouvent auſſi gravés, par Aliamet,
ſous les titres de *première & ſeconde*
Vue du Levant.

44 Des Hommes dans une Chaloupe que 1008
les Flots de la Mer empêchent d'abor-
der, une Femme courbée, & deux
Hommes ſur un Rocher ſe diſpoſent
à tendre des cordages ; ce Rocher ſe
trouve placé ſur le côté droit du Tableau, où ſe voit auſſi une Tour,
des Fabriques, & un Arbre d'un bon
effet : un Vaiſſeau un peu éloigné
dans la Mer, ſe reſſent de la Tem-
pête. Ce Tableau peint ſur toile,
porte dix - neuf pouces & demi de
haut, ſur vingt-neuf pouces & demi
de large.

45 Pluſieurs Rochers ſur leſquels ſont 1000
des Edifices, on croit y voir le Tem-
ple de la Sybille Tyburtine ; du

Payſage, diverſes Chûtes d'eau, qui
forment une grande piéce, un Homme, une Femme, & des Animaux
ſur le devant, rendent ce Tableau
intéreſſant, & d'une agréable compoſition : il eſt peint ſur toile, &
porte deux pieds trois pouces de haut,
ſur deux pieds onze pouces de large.

46 Un Payſage, & Vue de Batimens
ſur des Rochers : on remarque dans
une Riviere, des Femmes qui ſe baignent, & d'autres qui en ſont ſorties.
Ce Tableau eſt d'un coloris chaud, &
la compoſition très agréable : il eſt
peint ſur cuivre, & porte onze pouces de haut, ſur ſeize de large.

47 Un Défilé d'Officiers, & des Troupes
d'Infanterie dans une belle Campa-
gne, on voit dans l'éloignement, une
Fortereſſe : ce Tableau eſt peint par
Martin, ſur une toile de vingt-deux
pouces de haut, ſur trente-quatre de
large.

48 Un autre Tableau ſur toile, de vingt-
trois pouces de haut, ſur vingt cinq
de large: il eſt peint par le même
Maître & repréſente Louis XIV, qui
Chaſſe au Cerf.

49 Quatre autres : trois repréſentent

des Payſages avec Figures ; le qua-
triéme, la Vue d'une Ville fortifiée
au bord de la Mer. Ils ſont peints
ſur bois, & portent chacun ſix pouces & demi de haut, ſur dix pouces
trois lignes de large.

50 Un Payſage avec Figures & Ani- 36
maux : Tableau Original d'un Maître des Pays-Bas, peint ſur toile de
dix-huit pouces de haut, ſur vingt-
ſix de large.

51 Le Buſte d'un jeune Homme : ce 140
Tableau eſt d'un *faire* ſavant, quel-
ques-uns le donnent à *Rembrandt*,
Van Rheyn, d'autres à *Gérard Douw*.
Il eſt peint ſur bois, & porte vingt-un
pouces & demi de haut, ſur ſeize
pouces de large.

52 Deux Tableaux en pendans, repré- 53 . 19
ſentans des Ruines, & des Figures,
par *Vander Cabel*, chacun ſont peints
ſur toile, & porte douze pouces de
haut, ſur dix-huit de large.

53 Des Ruines de Rome, on y remar- 60 . 1
que ſept Figures : ce Tableau eſt peint
ſur bois, par un Diſciple de Bartholomé : il porte onze pouces trois
lignes de haut, ſur dix-huit & demie
de large.

54 Un Canard & deux Bécasses, des
Grenades, un Vase de Porcelaine,
&c. Ce Tableau, peint par *Oüdry*,
porte 19 pouces de haut sur 4 pieds
de large.

55 Un Paysage, des Fabriques & une
Riviere; deux Pêcheurs sont au bord
& deux autres dans un bateau. Ce
Tableau, de *Paul Bril*, est peint
sur toile; il porte 18 pouces de haut,
sur 27 de large.

56 Deux Sujets de guerre, peints par
Paroffel d'Avignon, ils sont sur toile
& portent chacun 19 pouces de haut,
sur 23 de large.

57 Le Gascon puni, peint sur toile collé
sur bois, par le Chevalier *Vleughels*;
il porte 5 pouces de haut, sur 6 pouces 3 lignes de large.

58 Un Tableau très riche de composition, & qui paroît être peint par
Charles Van-Falens d'après Philippe
Wouwermans. On en trouve l'Estampe gravée par J. Moyreau, qui a pour
titre *Fêtes & Adieux des Chasseurs*.
Ce Tableau, qui est peint sur bois,
porte 18 pouces de haut sur 24 de
large.

69 Un Tableau d'après Wouvwermans.

peint fur toile, de vingt - trois pouces de haut fur vingt pouces de lurge.

60 Plufieurs Animaux au bord d'une 2 50 Riviere ; deux Blanchiffeufes, un Homme & des Vaches qui femblent paffer fur un pont de bois placé en partie fur des rochers. Ce Tableau qui eft original de *Bartholomé*, a un mérite diftingué, & eft péint fur toile : il porte 18 pouces de haut, fur 13 pouces 3 lignes de large.

61 Hercule filant avec Omphale, & le 5 6 Tems qui enleve la Vérité. Ces deux Morceaux font peints fur glaces par *Jouffroy* en 1756. Ils portent cha-cun 15 pouces de haut fur 12 de large.

Figures de Bronze, de Marbre & de Plâtre.

62 Le Rémouleur, & la Venus accrou- 501 . 4 -pie : ces deux beaux Bronzes font montés fur des pieds chantournés de formes agréables & dorés d'or mou-lu.

63 Une Venus & un Soldat Romain : 2 6 . 5 ces deux Morceaux font de plâtre & bronzés parfaitement.

64 Un Groupe de plâtre repréſentant Laocoon & ſes deux Fils.

38   65 Venus & Mercure, en plâtre, de M. Pigalle.

390, 1 66 Deux Buſtes de marbre blanc très bien ſculptés : chacun porte deux pieds de haut, non compris des pieds auſſi de marbre blanc.

Eſtampes montées ſous verre & Bordures dorées.

340   67 La Gallerie de Verſailles, d'après Charles le Brun, en cinquante-quatre pieces deſſinées par M. J. B. Maſ-ſé, & gravées par ſes ſoins. Toutes ces Eſtampes ſont montées ſous verre blanc, & bordures dorées.

210. 11 68 Les huit premiers Ports de France gravés par Meſſieurs Cochin & le Bas d'après M. Vernet.

8   69 Le petit Phyſicien, d'après Netſcher, par M. J. G. Will, & les Italiennes laborieuſes, par Aliamet d'après M. Vernet.

11   70 Sept Vignettes pour les Contes de la Fontaine.

8, 5 71 Le Portrait de M. de Beauvau, par P. Drevet, d'après H. Rigaud : très beau d'Epreuve.

Estampes en feuilles.

72 Huit Estampes, d'après M. Vernet; 16 . 19
deux sont avant la lettre; une d'après
Minderhout, & une autre de Bona-
venture Peeters.

73 Dix autres, d'après François le Moi- 10
ne, Cazes, Carle Vanloo, Messieurs
Boucher & Pierre.

74 Neuf d'après D. Teniers, Peeters, 3
Minderhout, & autres.

75 Sept Paysages, gravés à l'eau-forte 9 . 17
par M. Dazincourt, & six autres Estampes, d'après Teniers, Peeters &
M. Vernet.

76 Sept Estampes d'après M. Vernet, 6 . 2
& le Départ pour le Sabat, par Aliamet d'après D. Teniers.

77 Neuf Estampes d'après M. Vernet;
dont plusieurs doubles; l'Amphi-
trite de Natoire, & la Fidélité, d'a-
près Huet.

78 Six Estampes, faisant partie de la
suite des Tableaux de la Chapelle
des Enfans-Trouvés, gravées par *Et.
Fessard.*

79 La Fête de Village, d'après P. P. 6 . 15
Rubens, du Cabinet du Roi, gra-
vée par le même.

8o Sept Portraits , dont celui de M. le
Comte de S. Florentin , gravé par
M. J. G. Will, d'après M. Tocqué.

Nota Des Tableaux & des Eſtampes ſous
verre , qui ne ſont point annoncés dans ce
Catalogue , parcequ'ils ſont encore à la Cam-
pagne , ſeront vendus en même tems . il ne
laiſſe pas que d'y avoir des Morceaux de mé-
ṛiṭe.

F I N.